경남대표시인선
62

호위무사

김혜숙 시집

도서출판 경남

김혜숙

Kim Hyesuk

—

호위무사

꽂아 놓은 몇 권의 나의 시집
붙여 놓은 몇 편의 자작시

책 꽂이에 모서리에 서서
마음을 그려준다
달아놓고 세워놓고 뉘어놓고
위로 속 위로를 받는 나
호위무사 거느렸구나
부족하고 다독여주는 나의 시들
이미 애송시 되어
마음들 데리고 다녔으니
그런 시들 거느렸으니
소중한 호위무사들 아닌가
적막도 호위하고
슬픔도 호위하고
그리움도 호위하니
든든한 무사로 손색 없구나
날마다 무구한 저 마음들이
나를 이끈다

시는

내 삶을 위로하는 대열이다

짧거나 길거나 내 삶의 중심에

시가 있다

그들은 나의 '호위무사'들이다

순수하고 아름다운 '호위무사' 거느렸으니

기쁘고 행복하다

난해하지 않도록 가꾼다.

2025. 9.

차례

제1부 내가 나에게 기댄다

제2부 호위무사

제3부 몇 송이 눈물

제4부 시의 집

제
1
부

내가 나에게 기댄다

아침의 걸음

초거울 철쭉 곁
고요히 걷고 있는 까치와 나

만남이 뒤따르는 줄도 모르고
긴 꼬리 바닥을 끌며
까딱거리고 걷는다

하늘 날기 쉬면서
느긋이 걸어가는 녀석을
벗 삼아 걷다 보니

순진한 도레미파 음들이
공중에서 떨어져 내려
오종종종 섞인다

까치를 만나
신선한 걸음으로
정답게 걸어볼 수 있었네

법고 울림

숲의 꽃 같은

맑고 고운 비구니

법고를 두드린다

화면 가득

불전의 정기 서리는

울림의 명상 속으로

사바도 무아로 섞인다

하염없이 울리는 법고 소리

세상이 씻기고

만물이 숭엄해진다

애련한 아름다움이여

그대

젊고 단아한 모습이여

어떤 개인 날

그리움 중의 그리움이
다리 난간에 서서 기다리면
수평선 너머
흰 연기 오르고
예포를 쏘며 돌아오는 하얀 배
그리운 이가 찾아오는데
그대는 절절한 아픔으로 기다리다가……

오오,
아직도 사무치는 나의 노래는
〈어떤 개인 날〉로 가네
슬픈 아름다움에 목이 메네
마담 버터플라이 나비부인
그녀가 되네
젊은 날 듣고 본 그 감동으로 돌아가는
구름다리 위에서
애틋한 마음으로 노래하네

불전 마당에서

수양매화는
부처님 전에 허리 구부리고 서 있어야 하는
흰빛 더욱 맑아져 불전을 휘돌고
아직 우거지기 전 야윈 몸으로도 고매롭고

사바에서 놀던 내가 살펴보는 긴 마음
하늘에 하얀 구름 떠가는 것만큼
손 놓아도 좋은 창공을 향해
불경으로 날아가는 꽃잎
스산한 마음 버리고 멀리
멀리 가보라고
도솔암은 앉아서 풍경을 두드리고 있다

마음 두근거리는 사모의 감동이
향기로운 하심下心만큼 고요롭도다

은목서 가지 하나

자란만으로 가던
은목서 향기가
마음을 붙잡아
고운 님 마음인 양 꺾어 안고 오다

아리따히 불러보는 하얀 향기
거실에 감도는 추억이
비 내리는 가을밤이라서
더욱 향기롭구나

풍경 한 장

키 큰 벚꽃나무 아래
비둘기 몇 마리
종종거리는 고갯짓 한창이다
작은 입에 물려 있는 벚꽃들
배고팠나
나처럼 놀러 나왔나
깔린 벚꽃 비둘기가 먹네
벚꽃 쪼아 먹는 비둘기들
처음 본 풍경 예뻐서
지켜 서서 볼 동안
즐비했던 꽃잎 흔적 없고
내 먹어본 적 없는 벚꽃
비둘기가 싹쓸이했네

순천만 소묘

물기 머금은 순천만을
애틋한 마음으로 바라보다니,

너른 갈대숲 속으로
들려오는 울음 없어도 속으로 운다는
갈대 울음 들리는 것 같고
나는 새 없어도
깃든 새 있을 것 같고
마음 담근 울음에 우짖음들에
빈 하늘 고요히 박히는 별도 보여라
초승달 반달 보름달 모두 불러
명징히 걸어 볼까
습지 사이사이
울음 우는 갈대들
가슴으로 듣고 바라보는데
앞서가는 이
얇은 바람에 섞여 나는
판소리 가락 들으며
따라 걷는 날

해오라기 한 마리 보일 듯한 외로움

세워보는 습지에서

억새 바람에 비칠거릴 슬픔들 다독여 주고

언덕에 못 오른 하얀 나부낌

섞이어 흔들리는 순천만

넓고 깊은 마음 담아 품고

눈빛만 가득 챙겨오네

백매白梅 근처

참 좋은 봄이 부르길래
창밖으로 나가 본다
소박한 앞뜰
매화에 맺힌 영롱한 황홀들은
어디서 오신 건지
고요한 청초에 가닿는 연모가
가벼운 사랑은 아니라서
향긋한 봄을 오래도록 사모했던가

만남에 감도는 향기 뒤
기웃거리는 이별을 예감하여
그 곁에 오래 앉아
깜박 깜박이는 별까지 지켜볼 것이다

물어보지 못한
묘연함끼리의 행방
어떤 곡절 없어도
매화 오고 가는 길엔 손 모으고 싶다

좋은 곳

솔솔바람이나 벗 삼아
버스 타고 도남벌에 내리면
무구한 푸른 바다가 고여 있고
거북선 요트가 떠 있고
등대가 부른다
깔려 있는 윤슬 위에서
호젓함끼리의 교감
누리는 것에는 쓸쓸도 섞여야 하리
궂은 날 아니라서 좋고
멍청해지지 않아서 좋고
옛 그리움 섞여 있어 더욱 아끼는 그림들
속으로 웃고
속으로 울고
그냥 마냥 좋아서 가보네
아름다운 것에 노래 불러주고 싶은
그리운 것에 시를 써주고 싶은
걷다 마다 내가 부르는 대로 다가오는 곳

도롱뇽 새끼에게도
마음을 빼앗길 수 있다

무심코 앉은 긴 벤치 발치에
작고 가냘픈 녀석이
눈 감은 채로 엎디어 있었네
오래, 오오래 엎디어 쭉 뻗은 녀석
팔다리는 엎드려서 살고 ―
어미는 어디 갔나
하마터면 내 밟았을 수도
도롱뇽 아가야
풀들 우거지고 바람 부는데
유심히 오래 바라보건만
눈은 마주치지 못한 채
떠난다

봄이 봄에게

아끼는 자연의 몫으로 남아 있는
매화의 흔적
시든 가지 속 가야 하는 마음 너머 다시
영롱한 꽃으로 돌아오리니
저 마른 기다림 너머로
그리움들도 돌아오리니

봄이 봄에게 전하는
간절함 곁에 서서

소 리

긴 여운 끌던 시의 행간에
내 오래 서 있으라고 했던가

범종 법고 소리 멀어졌어도
울울창창 울리던 감동은 살아 있다

삼라만상 깨우고 재우던 그 울림
먼 시간 뒤에도 선연하구나
은하銀河를 타다가
조각달 적시다가
심연의 통증마저 쓰다듬던 장엄함이
먼 대웅전 휘돌아 고개 고개 너머
한려 물결 건너
독메산* 기슭까지 울려온다

고즈넉한 낡은 갓 쓴 등 아래
중생 하나
잠들지 못하고 기울이는
관음의 굽이굽이

그 소리 고여와

백팔번뇌 씻어주는

종교가 된다

*독메산: 토박이 지명으로 통영시 정량동에 있는 낮은 산이다.

문門

문이 없어 큰 문 지닌
산문山門 향해 산 오르다

깊으면 깊을수록 나무들만의 소요
세월 두른
노송, 은행, 편백, 단풍… 우람한 곳에
미물인 내 발자국 내다니,

산릉선 자연스런 융기
우거져서 바라보는 곳
문안 없이 우러를 수 있으랴

자비에 기대어
법열의 기둥 향해
한 그루 나를 세우려네

무성하지 않아도 하늘과 땅이 부축해주는
자작나무 맑은 그루면 비길 바 없는
올곧은 그림자만이라도 비춰주면

뿌리 깊이 옹이가 박혀도

시詩의 번민

간절한 시선으로 세운 문이니

그리던 무지개도 드리우리요

사랑하는 것들과

남망산 기슭
감잎 두어 장 누워 있는 나무계단에
마담 버터플라이 〈어떤 개인 날〉이나
그리그의 〈솔베이지의 노래〉가 저절로 흘러
애련의 곡상에 젖는다
강구안 내려다보며 부르는 노래들
아무도 듣지 않는 곳이어서
감수성만큼 불러도 부끄럽지 않고
그래, 이참에
강릉도 가리라
두둥실 두리둥실이면 되겠네
혼자 가도 손색없는
나의 행선 나의 출항
감잎 두어 장 누워 듣는 곳에서
선율만 띄우고 달 맞으러
뒤질 것 없는 감수성만 실어도
내 배는 만선이거니
윤슬 닮은 별들 저만큼 반짝거리리
사랑을 위해서는 어디라도

산의 시詩

산이 운다
이 시간
깊은 문장으로 울고 있다

유월 하순 용화사
느닷없는 범종 소리
산 밖을 잊은 비구니 스님
가사 장삼이 산을 울린다

불현듯 맞닥뜨린 저녁 예불 타종
불심의 종 울림이 미물의 감성을 건드려
무구한 산꽃들 눈시울 떨게 하고
옹이 진 나무들 법열에 들게 하고
낭자한 시름 번지는 석양 깃
명징한 서정의 옆모습은
산이 머금은 시가 되어
파란만장을 다스린다

별에게

아름답고 찬란한 큰 별이여
홀로
하늘에 나와
내 마음 당기는가

오늘 밤
내가 당신의 은하수로
흐르고 싶어 드리는 시구이니

문학여행 길 끝
머리 위
저리도 찬란한 큰 별이 기다릴 줄이야

내가 나에게 기댄다

나에게 기대다니
말이 되나
이 세월을 참 많이도 기대고 살았나 보다
스스로 지탱하고 참아내고 읊고
겹겹의 비에
눈발에 젖고 맞고
양지쪽에 내다 말리고
바람들 들어오게 하고
스스로 펄럭이게 하고
상해도 젖어도 녹슬어도
나는 내가 좋았다
순진해서
철이 안 들어
날 보호해 주시는 분 계시오니
슬프지 않았다
지금 그렇다
늘 그렇다

업 보

꺼내 들 것이 없어
시 몇 편 꺼내 든다
혹여 누구에게 전해 줄 리 없더래도
진정한 마음의 짓으로 엮은 것이니
부끄러움은 없다

네가 가고
내가 가는
이 세월 속
마음으로 보아야 깊이 보이는
내 흔적
위로되라고 목숨 되어 따라가라고
나를 개켜서 쓰다듬어서
마음으로 싸둔다

나의 시詩

수십 번 수백 번
번뇌로 오는 시
먹먹해지는 어느 길목에서
사유하고 대면하는 나의 시
그런 반가움 괴로움까지는 평생이어도 좋다
저 나무 사는 길 예사롭지 않을진대
삶의 길에서 만나는 시의 길이야
적막 이별 순명 사랑 만남 모두
그 안에 깃들어 일생이 되었네
한 그루 나무같이 삶을 여미었구나
오라, 날 만나러 오라
산새가 깃들 집을 짓는
알을 낳아 새끼를 기르듯
시를 낳고 시를 키운다
마지막 삶 슬픔까지 기쁨까지 키운다

쳇바퀴

수산박물관 물기둥 수족관 속
맴돌기만으로 사는 생명

광활한 바다가 가까운데
나갈 곳도 숨을 곳도 쉴 곳도 없이
살아 있음을 알린다

'유유히'만이라도 애원하고 싶은데
누굴 위한
관광용 물기둥의 쳇바퀴
삶이란 맴도는 것일 뿐이라고
나마저 어지럽게 하는
줄돔의 형벌
끝없는 돌기 돌기가 저물도록 따라다닌다

제
2
부

호위무사

꽃의 품

이미 당도한 고운 낌새
이제야 알아채다니
너 오는 줄 모르고
봄 지나가네
매화가 목련이… 철쭉이
왔다가 사라지는 어귀
아무리 쫓아다녀도
한 송인들 붙잡을 수 있더냐

가난한 틈새에서도
앉은뱅이 민들레 환한 얼굴 방긋해
나도 웃는다
훤칠한 하양, 분홍, 보라 모두 서러운데
누구는 시인이고
누구는 별이어도
이도 저도 아닌 꽃들보다 나은 건 없다
애틋한 그런 사랑이라 한들 ―

꽃의 일로 번지는 아름다운 슬픔이거든
나 이 봄엔 꽃처럼 고요로만 숨 쉴 테야

허 공

오! 행간 어디엔가
연등 밝힌
허공의 속살
노을도 멈춰 서서
예불을 드린다

공주섬

외로움이야 누적되어 견딜 수 있다
만경창파 아니라도 바다 아닌가
수려한 허공마저 높푸른 곳
어느 맑은 영혼이 머무는 수반 위
아름다운 공주는 치마폭을 펼쳤다
갈 곳 없는 애잔함 위
홀로의 영롱을 실었기에
한려는 더없는 소묘를 그리고
한 송이 고전古典
고독 한 채 싣고
미륵산 아래 산다
상냥한 간격으로
서로의 사유 바라보며 산다

산울림

이 아침

뻐꾸기 울음으로 우는 산

산도 선율을 부르는구나

구성진 저 율격

한 번도 본 적 없는 네가

나무 뒤에서 풀숲 사이에서 산을 울리네

무슨 연유 있어 저리 구슬피 우나

서러울 만큼 울려오는 목청에 젖어드는 나는

너만큼 울어본 적 없구나

누구의 가슴속 들어간 적 없구나

봄은 저리 깊이 울면서 오더라

여황산 울음으로 오더라

목메지 않고

고운 봄을 울리며 오더라

산 책

나무는
혼잣말하며 일생을 지낸다
그 혼잣말 속에 새가 와서 앉는다

마음을 안고
속으로만 말하는 나무
그 느낌 찾아 떠나본다
거들어주는 산꽃들 발치에서
더욱 흥겹게 취해 서면
까칠한 세상도 고와진다
나도 스며들어
자연이다

피아노의 시인에게

쇼팽의 녹턴이여,
오늘은 너로 하여 눈물겹다
선율로 가는 길을 따라가면서
한참을 울먹일 수도 있구나
피아노 건반 서툴게 짚여도
곡상은 살아 있어 따라간다
그대 이끄는 대로
이 가을은 흠뻑 쇼팽의 선율
슈만의 감성으로 걸으리
보이지 않는 외로움 슬픔의 길들을 따라
홀로 찾아가는 길
오랫동안 건반 앞에서 먹먹해지는 일
사무치게 이끄는 피아노의 시인 그 길에게

마음의 길

나를 위해
나를 쓰는 이 길
별을 달아주고
달을 비춰주고
보고 또 보고 읽고 또 읽으며
생각 또 생각하며
시를 쓴다

이 세상 살 동안
나를 돌아보는 침잠의 시간

누군들
미처 돌보지 못할 때
내가 나를 돌보는 길
어떤 슬픔도 아픔도
고뇌해야 오는 길에서
허공에 잠겼고
꽃길에 서 보았고
날 넘보았던가

내가 부르는 사무치는 노래를 위해

심중을 지나간다

시의 은장도銀粧刀

불러내어라
시의 은장도
삼라만상을 깨우듯,

달빛에 갈고
법전에 씻어
사념의 단을 쌓아라
부처님전 합장
쓸쓸한 무아無我에는
시의 은장도가 제격이다

마음을 찌르고
깊숙이 들어서는 시의 칼날
피 흘려도 숨 막혀도 좋은 은장도라면
번뇌도 그리운 것이어서
초승달 찻잔에 실려 떠다니고도 싶다

은장도
그는
시의 것이다

침잠하던 나
날 선 은장도에 다시 깨어나고
깊숙한 칼날에 아픔 지닌 시의 꿈
오래 간직할수록 빛날 것이다

연모하던 시가 올지 몰라
은장도 더 깊이 품을 것이다

구름에게

내 창 앞에 조금 서 있다가 간다는구나
잘 알지만 어떤 연유로
나를 바라보았는지는 묻지 않겠다
두텁고 연한 네 몸뚱어리가 슬며시
서쪽으로 가면서 붉어지는 눈자위를 보고
그보다 내 속을 지켜보던 시선에 잠겨
하늘을 더 오래 간직했다가 보내준 일도 있어
속마음은 많이 슬펐지
망연했던 일 잊고 우리
환한 대낮에 함께 뭉쳐보자고
둥둥 떠다녀보자고
아쉬운 발돋움으로 손 흔들면서
바람이 되어보자고

허락하라, 시여

내가 내게 절하고
떠날 수 있을까
생각해 본다
꼭 그랬으면 좋겠다
나를 세워두고
나를 눕혀두고
아니 앉아 있을 때를 맞춰
절 한 번 후하게 겸손하게 하고 싶다
애틋은 뒤에 숨기고 당장 보이는 것만
따져서라도 한 번 굽신 깊이 절하고
떠나고 싶다
일생을 그만큼이라도 살아준 것에 감사하고
미련 없이 레테의 강을 건널 것이다
먼 은하까지 가는 일 순조로웠으면
때를 맞춰
홀로라도 두렵지 않고 가뿐히
한 송이 꽃이라도 들고 갔으면,
지금 가져보는 이 소망을
시집에 기록하기로 한다

연분홍 보라 봉선화

이 한여름
한 그루의 홀로를 창공에 폈을 때
내 무심은 유심을 몰라보았다

연분홍 보라 봉선화 아리땁고
훤칠한 그녀가 서 있는 줄
정말 몰랐다
그녀는 오르락내리락하는 나를
잘 보고 있었을 게다
초가을에야 꽃주머니 씨앗 담고
발돋움한 큰 키를 보다니
장독대도 없고 울 밑도 없는
덩치 큰 아파트 귀퉁이
하늘만 알고 있는 봉선화 사연을
스산한 가을이 짙기 전 담 너머 저쪽 네 곁에
한 번은 꼭 서마
눈빛에 꽃물 들이며
옛 봉선화 추억도 더듬어 보마

그 섬

섬이여,
네가 두른 것은 물살만이 아니다
해조음 더불어 먼 수평선의
눈시울도 다가오리니

네 사는 곳이면 날마다
내 눈길도 보태어
끼룩이는 물새로 날아볼거나

나를 맴돌게 하는 네 습성 때문에
계절을 돌아돌아
관심과 그리움이 사는 곳
내 이곳 한려의 아낙으로
핑그르르 눈물도 노래도 감돌게 했으니
뱃고동 같은 울림으로 다가가
찢어진 슬픔도 부려놓았지

떠돌지 않아도 스스로 찾아드는 별처럼
어느 별 어느 상처도 다스려주는
시인처럼 빛났다 너는

쓸쓸한 눈〔目〕

먼 나라
앳된 사미승 눈에 맺힌 눈물을
오래오래 바라본다
큰 눈이 머금은 눈물의 정체
흘러내리지 않고 영원으로 맺혀 있다

눈물이 맺힌 자와
그 눈물 바라보는 자의 교감

눈물 깊숙이 감추어진 사연
알 리 없어도
먹먹한 것이고
영원한 것임을

잊히지 않는 눈물이 길게
쓸쓸하여 쓸쓸하여

조금에게

세상 소리
아무 소리 안 들리는 곳
꽃 피는 소리만 조금
풀벌레 소리만 조금
먼 별들 반짝이는 소리만 조금
뻐꾸기 산울림 소리만 조금
조금을 좋아하면
충분히 그럴 수 있다

먼 소리
작은 소리들의
깊은 울림은
조금의 소리 속에 깃들었거니
나의 몫
자연의 몫에 빠져

호위무사

꽂아놓은 몇 권의 나의 시집
붙여놓은 몇 편의 자작시
책꽂이에 모서리에 서서
마음을 그려준다
달아놓고 세워놓고 뉘어놓고
위로 속 위로들 받는 나
호위무사 거느렸구나
부축하고 다독여주는 나의 시들
이미 애송시 되어
마음들 데리고 다녔으니
그런 시들 거느렸으니
소중한 호위무사들 아닌가
적막도 호위하고
슬픔도 호위하고
그리움도 호위하니
든든한 무사로 손색없구나
날마다 무구한 저 마음들이
나를 이끈다

그믐달 위용

나,

옴짝달싹 못하게 한 봄밤

그믐달

날카로운 광휘 곡선의 위용에

나무도 하늘도 나도 묶였다

광활한 하늘도 놀란 광휘에

발 묶인 나도 베이고

벚나무도 찔리고

밤하늘도 멍했던가

우두커니

우두커니

금장도에 찔려

다시 무위無爲

먹먹한 무위의 길섶에 앉아
생을 다독이는 나는
가슴 칠 징소리도 잊고
산에 기대네
효봉스님 청하스님
날 알아보실 너럭바위까지가
도반처럼 가는 곳

우러러 예를 갖추어야 하는 낙락장송
산문 밖 은행, 단풍, 노송의 우람
깊은 세월 혼령까지 읽으려 하고
미물에 불과한 나를 연민하는
물소리 내리는 사바로 돌아설지라도
산에서 누리는 시간은 깊어서
쓸쓸은 괘념치 않겠더라

그리움은 먼 곳에 있는 법
다시 여며 기대는 삼라만상 적막에 스며앉아
나의 무위 누리는 거지

누적된 헤매임 모두 무위가 된다

산새는 왜 우는지
오리목 나무 위에서 왜 우는지
그 울음길 따라 나는 또 왜 우는지 ―

시의 가지에 홀로

어쩌자고 높은 시의 가지에 내 앉았나
한참을 비실거렸는데도 어쩌자고
앙상한 가지에 앉아 떨고 있나
붙들어주지 못하는 꿈을 꾸다니,
꽃은 멀었고 열매는 더욱 멀어
비로 내릴지 모를 구름만 둥둥거린다
사뿐히 꿈처럼 오른다면
어느 날 환했던 하늘 문도 열릴 터인데
여린 가지에 앉아 아슬히 떨고 있는 나는
누가 알세라 떨고 있는 나는
골똘히 시詩만을 생각한다
혼자서 살아가는 시도 그럴 것이다

꽃의 호위

한 송이 청초한 꽃이
잠든 나를 깨웠다
꽃을 보고 잠 깨다니
아련히 피어 나를 깨우다니
잠결로 온 꽃
그대, 꽃무릇 방창한 곳 오르려
그런 꿈 꾸었나
붉고 환한 꽃의 대열 속 거닐 때
잊었던 검정 나비 한 마리 홀연히 너훌거려
붉은 꽃에 검정 나비
그는 〈내 아직 못 만난 풍경〉 속에 살고 있었던 줄
이 가을 또 나처럼 길게
꽃의 호위 받으며
너훌거릴 줄, 훨훨

풍경의 휴식

달아공원 오르는 길
낮 등대가 희게 깜박인다
먼 배는 조용히 지나가고
섬은 물쟁반 위에 떠
일렁이는 그림자를 깐다
캐러멜라테
고운 무늬 차를
마시지 못하고 오래 바라보네

비 내리는 가을은 스스로도 젖어라
괭이갈매기 큰 날개들 어디로 가는지
물안개 저 멀리
조용히 흐르는 배를
오래도록 따라가기로 하고
붉은 분꽃도 데려가기로 하고
작은 저 배에 나를 닮은 물웅덩이 하나 싣는다

제
3
부

———

몇 송이 눈물

포구에서

두리둥실이면 다 오리
어기영차 아니라도
돛폭 아니 달려도
남강에서 통영까지
내 기다리는 곳이면,
좁은 포구도 강물이 되고
강물도 포구가 되어서
어느 시월 축제 아니라도
기다림이면
님처럼 오리
강물이여
포구여
기다리는 내 둘레에
두리둥실 오거라
꽃댕기 매고 초립동 쾌자 입고
한실바다로 넘실넘실 오거라

하늘의 슬하

비가 구슬프구나
음악은 명랑한데
바깥의 비는
가을을 당긴다
우두커니 젖어들던 내가 무겁게
창문을 닫는다

부활절 묵상

부활의 참 기쁨으로

당신을 영접하네

들에 핀 한 송이 들꽃의 순정일지라도

기쁨은 충만히 솟고

사랑의 마음들 무르익어

시름도 꽃 되어 피겠거니

온누리에 충만한 당신의 기적

그리운 주님을 부르며

시름 모두 잊어버리자

기쁨이었다가 슬픔이었다가

환희로 번지는 종소리

이 세상 아파도

이 세상 무거워도

주님 계시니

어느 곳인들 은총 충만치 않으랴

슬프고 아픈 비애 묵상하며

십자가 당신을 우러러

구원의 기적 느끼며

기도드리네

옛 시집

구구절절 속에 앉아 있네
어느새 옛이 되어버린 너를
밤을 새어 다시 들여다보네
어떤 마음으로 살았는지
둘러보는 일로 밤이 새네

슬퍼도 되고
기뻐도 되던 시 속에서
다시 그 길 헤아리네
혼자 낸 길
다 좋았다고 하네

빈 날

솟아오를 때부터
빗줄기 눈매 닮은 내 시선의
오래도록 반겼던 날들

어디 갔나
사라진 연분홍 꽃나리
가녀린 피리 소리 두 줄기
사뭇 듣던 음들이 사라졌다

산들한 바람도 어리둥절
고왔던 행방을 찾는다
속가슴까지 뒤지다가 묘연해서
하늘쪽도 두리번거린다
먹먹한 세상 아닌가

휑한 저 뜰도 꽃나리 잃고 멍해져
채울 것이 없는데 투신한 적은 더욱 없고
한참을 불러도 보이질 않더니
내가 찾던 자연의 이유가 홀연히

울림 끝에 쓰러져 있는
빈 날

놀자고 하네

상냥함을 머금고 가을바람이
참새들을 데리고 노는구나
내게는 모두 어려보이는 새
가지 사이를 개구쟁이처럼
휘젓고 다니네
바람은 건너와
내 창 앞에서 살랑거리고
창밖을 바라보며 차를 마시는 나를
즐겁게 흔들어주는구나
바람이여, 가을이여,
참새여,
오늘은 종일 더불어 놀자
햇살이 샘내도록 놀자
모두
그러자 하네

그 림

그리움의 준말이 그림이라고,

그리움도 그림으로 그릴 수 있구나
그렇지, 미완성의 습작도 그리움이었구나
밀쳐놓은 그리움 다시 꺼내
물감들 짓눌러 짜서
그림 그린다
그리움을 그린다
올해가 가기 전에
애꿎은 나이 들기 전에
촘촘히 스윽스윽
발라서 처억
캔버스 안에
오롯이 사는 그리움 새겨본다
그리움의 준말을 보관한다

지나가는 꽃

풀꽃문학관 시의 행간에
서 있던 저문 매화가
내 방房 옹기분 매화와 섞인다

공주에 서 있다가
통영에 서 있다가
낯익은 매무새 너무 닮아
길게 바라보던 백매白梅 가지
저문 지 오래건만
시의 운율로 섞이는 줄.
그 언덕이 그립고
향기 알고 있고
청초는 더욱
공주에 서 있다가
통영에 서 있다가
그만치 저만치 서서
갈변된 눈물 몇 송이로 지나간다
오! 시詩가 되는 꽃가지들 바람의 가지들
쓸쓸한 사유 바라보며

어떤 법열을 생각한다

아름다운 윤회를 생각한다

마른 기다림 너머

푸른 그리움으로 돌아올 저 시의 구절들

별을 찾는다

시의 행간에 발길 들여놓고
멈추었으니
고요한 건가 적막한 건가
행간 밖 문장이 푸르를지라도
선뜻 그 자리에 올라서지 못하네
침잠하여 소요하는 묵언을 사랑할 뿐
나를 묵혀놓고
밤을 뒤져보는 짓
별같이 빛나고 싶은 짓
그 별 하나 찾을 때까지

작은 섬

등대의 스위치가 누르는 낮바다는
흰빛으로 깜박이는 줄
엎디어 있는 섬은 다 알아챕니다
홀로인 것 외롭지 않고 보챔도 없다고
하늘의 슬하에 태어난 것
기쁘게 여깁니다
태양이 오롯이 비추다 가고
달아공원 달 불현듯 솟아도
흐트러짐 없는 사랑 품은 작은 섬
꽃송이로 둥둥거려도
뒹굴지는 않습니다

장 궤

내 죄는 세워두고
몸만 꿇어앉는다
목숨의 여러 마음들 꿇어앉는다

님이시여,
굽어보실 때
내 손 잡아 이끌어주소서

고요히
묵상하며 살라 하시네

하늘 한 장

펼쳐진 억새의 손길들
하늘로 갔다
하늘에서 무엇 쓸어 담을 일 있나
땅의 기운 어지럽고 탁해서
하늘로 피했나
살다가 생각한 안타까움들 모두
하늘로 보내버리려고
억새의 손으로 쓸어버리려고
이 맑은 가을이 이룬 생각
하늘 한 장
유심히 바라본다

몇 송이 눈물

납작납작 눌러 포개놓은
찌부러진 빈 페인트통 아래가 밭이었나
스티로폼 박스에 담긴 흙 사이로
뻗어 솟은 부추꽃 줄기
가냘픈 그녀가 서 있을 곳 못 되네

꺾어와 성모님 곁에 추슬러 꽂았다
당당히 뻗은 초록 줄기 끝
살랑이는 여린 얼굴들의 품위

울기도 웃기도 마땅찮던
뙤약볕 양철 사이는 벌서던 곳
피아노 소리도 들으며
몇 송이 눈물이 해맑게 웃는다
고요한 나도 따라 웃는다

좋은 곳

솔솔바람이나 벗 삼아
버스 타고 도남벌에 내리면
무구한 푸른 바다가 고여 있고
거북선 요트가 떠 있고
등대가 부른다
깔려 있는 윤슬 위에서
호젓함끼리의 교감
누리는 것에는 쓸쓸도 섞여야 하리
궂은 날 아니라서 좋고
멍청해지지 않아서 좋고
옛 그리움도 섞여 있어 더욱 아끼는 그림들
속으로 웃고
속으로 울고
그냥 마냥 좋아서 가보네

아름다운 것에 노래 불러주고 싶은
그리운 것에 시를 써 주고 싶은
걷다 말다 내가 부르는 대로 다가오는 곳

흐르는 곳

먹먹해지는 노래
동요 속으로 날아간다

가을 아니라도
그 기러기 궁금하다

"울 밑에 귀뚜라미 우는 달밤에
길을 잃은 기러기 날아갑니다…"

어느새 모여드는 휘감기는 통증
동요야,
너는 알고 있을까
어떤 무렵에도 그냥 일렁이는
뻐근한 슬픔 덩이
총총히
글썽글썽
하늘도 아는 애달픔인데

엄마 엄마 부르며
흘러가는 안간힘
어디, 기러기뿐이랴

풀꽃 사이로

저, 작은 풀꽃들의 봄
빌붙어도 좋고 자잘해도 좋다
시샘 없이 걸어온 무구한 아장걸음
노랑, 하양, 보라, 새파란…
머잖아 아지랑이 오면 그도 두르리
깨알 같은 봉오리들과 마주치며 웃는다
눈으로 만져보는 여린 손 잡고
봄이 오는 길목으로 나가보려네
뉘, 하찮게 여길지라도
순진무구한 풀꽃에 싸여
그러면 곤궁했던 나의 겨울도
따스함이 번질 것이다

촘촘한 사랑스러움 어찌 예쁘지 않겠습니까
다문다문 내려준 물을 이슬로 여겼다지요
색색의 꽃음을 차린 봄이 환할 때
노래 닮은 입술 푼 풀꽃 그 눈짓 마주하면
시의 언어가 보일 것입니다

생 각

오늘 내 생각은
'하염없이'로 뻗는다
하염없이 비를 바라보고
하염없이 바람을 바라보고
하염없이 사는 생각에 나를 섞으며
쓸쓸로 사는 법을 익히네
톡톡히 익혀보는 마음 자국

울음

우거진 동백나무 속에서
새가 운다
세상은 병病으로 들끓는데
돌아앉아 노래하는구나
붉은 동백꽃 친구 되어
모두 복면가왕 되어 돌아다니고
여차하면 탈 날까
바람도 무서워한다
봄꽃의 향기조차 버림받은 듯
주눅들고
서피랑 계단에 앉아
네 울음 듣노니
따뜻한 햇살을 듣노니

창의 시선

창이 넘실거린다
우리 집 창을 건너 위층 창까지
솟아오르는 장미의 줄기
붉은 꽃들은 아래쪽에서 감돌고
허공들 화창하다
산들바람 일렁이는
푸른 잎새들 기척
유월 어느 쪽이 병마에 시달릴지라도
무심할 수 없는 이파리의 눈길로
창의 시선 붙들고 싶음이여
파고드는 산들한 심중이여

제
4
부

———

시의 집

노래를 꺼낸다

내 노래가 들녘을 흐른다
소프라노는 못 되고 메조쯤으로 두른다
저기 낮은 구렁도 살피고
낮달로 흐르는 곳 군데군데
휘영청으로 뜨라고
동서양 가리지 않고
동요, 민요, 가곡, 아리아, 팝송
전공하는 이들의 학습까지 넘보려 든다
아무도 듣지 않지만
풀꽃, 산꽃들은 듣겠지
새들도 귀 기울이리라
바다로 가면 작은 배의 뱃전을 감돌고
엎딘 섬의 귀쪽으로도 휘돌아주리라
윤슬로 가득한 바다 옆길에서는
나지막한 노래밖에 들려줄 것이 없어
숨어 있던 곡들을 꺼낸다
내 발자국은 이미 흩어지고 말지만
긴 여운만은 남으라고 가만히
나를 불러본다

무지개

무지개 속에도
눈물은 있을 것 같아
흘러내리지 않아도 황홀한 빛 속에 섞여
곱게 고여 있는 눈물
흠모하고 바라보는 마음끼리는
기쁨의 글썽임도 있으리
좀 울고 싶을 때 바라보는 연모도
무지개 빛깔을 닮아간다지
기다리는 시詩의 키를 높이 세우고
무지개 두르고 훨훨훨 날고 싶다

그대에게 가리

섬이여
네가 두른 것은 물살만이 아니다
해조음 더불어 먼 수평선 눈시울도 다가왔지

네 사는 곳이면 내 눈길도 보태어
끼룩이는 물새로 날아본다

아는 것은
가까운 것은
나를 맴돌게 하는 네 습성

계절을 돌아돌아 변함없는 곳
관심과 그리움들이 한려의 아낙으로 감돌게 했으리

아침은 아침끼리 밤은 밤끼리
뱃고동 같은 울림으로 다가가
만신창이 헤매인 슬픔도 부려놓았지
섬이여, 떠 있는 생명이여,
연모하는 꽃으로도 피고

뭇 생명들 오순도순 모여 사는 곳에
영혼들도 이따금 들렀다 가는 곳
그대 한 몸에 담아 안고 사네

별

별이여,
찬란한 큰 별이여

오늘 밤
내가 당신의 은하수로 흐르고 싶어
드리는 시구이니

홀로의
빛남
홀로의 영롱
대가면 저수지 위
오롯이 만나
가슴에 담는 별

먼 여행길
꽃들로 싸매고 싶던
황홀한 기쁨 뒤
호젓한 노래 위로 밤이 오고
캄캄한 하늘

찬란한 빛

오오래 간직하겠네

장미의 기도

주님 함께
면류관 쓰신 어머니
숨결 모아 장미를 피워 주신다

'나의 어머니'라고 서슴없이 부르는
내 영혼 가장 아름다운 곳에 계시는 어머니
이 계절 자애로우신 사랑 더 깊이 어리어
마음결 굽이굽이 장미를 두르면
가시에도 찔려야 하리
아픔도 치유라 여기며
고뇌 더한 번민도 싣는다

생이여,
어둡고 아픈 세상 어루만져 주시는데
꽃은 피어 사랑이니
고통도 슬픔도 지나가게 하소서

울지 마라 장미여,
살더라도 죽더라도 어머니 품이면
눈물도 향기로우리니

한 송이 열 송이 그리고 그리고……
연민으로 앉아 희망으로 서서
장미의 줄기 타며 기도드린다

현대문학 창간 70년 속에

《현대문학》 역사 한 곳에
나도 끼어 있으니
기쁘고 숙연하다

천구백팔십팔년 이월호 갈피 속에
내 등단 완료 새겨져 있으니
한구석 작은 빛으로,

줄지어 그려진 멋진 화가들 표지화 속으로
스며든 듯 그 문학지 사랑하니
내 자존도 부러움 없이 빛나리 싶고

초회 추천
추천 완료
역사 속 자존들
오늘 그 소식 더 깊어지네

운주사

아직 나는 못 잊네
운주사 산허리
어린 산목련
청초한 새들 몇 마리
떠나지 않고 피어
마음을 오래 묶었지

지금도
그 생각 차오르면
청초한 새들 보이고
어린 사미승 그늘도 보이고
비구니들 밭 속에 앉아
푸른 나물 솎아 담던
맑은 빛깔 보인다

노래 부르네

유등으로 하여
넘실넘실이라고 하겠다
저기 오네
좁은 포구로
강물 데리고 흔들리며 오네

서서 오래 기다렸네
진주에서 통영 포구 한실까지 오느라
두리둥실도 힘들었겠지
허나 시월
그곳에서 한참을 기다릴 때면
기다림을 타고 오는 유등
나는 좋아 노래 부르리
강릉 가지 말고
통영 한실 포구로 오너라
두둥실 두리둥실로 노래 부르네
두리둥실에 실려
윤회하려던 등도 섞여 있네

하 루

신문을 보다가
범람하는 시를 쓴다

하루를 시작 즈음
내게 오는 시
와서 굼틀거리다가 안기다가
새겨보면서

힘내어 살아보는 하루
마음의 결이
시로 채워져서
사는 일도 그립다

어릴 적 나는

어릴 적 나는
걸핏하면 잘 우는 울보쟁이였다

엄마는 항상 나보고
달구똥 같은 눈물 흘린다고 퉁 주곤 했다

그렁그렁 고이는 눈물이 주루룩
흐르고 흘러 어린 감성은 범람하고
그런 눈물이 나를 키워
시인의 반열에도 끼었다

흔한 내 눈물⋯⋯을
그러나 사랑한다
감성으로 살아온 나
어쩌지 못해서
눈을 비비고 지금도
그렁임 속에 들어앉는다

'듯'의 갈피

그의 시집 속에 끼어 있던
단풍 잎새 둘
내 언제 꽂았는지
생각나지 않지만
진작 시에 깃들어
그의 나무에 달린 듯
그의 땅에 엎드린 듯
그의 물 위에 뜬 듯
이런 '듯'을 사랑한
시의 갈피 둘
섬세히 바라보다가
그와 나의 가슴 쪽에 다시
그리움인 듯 포개 놓는다

달[月]

칠십아홉 개의 달을
안타깝게 바라보네
그 연륜도 만져보네

밝았기도
어둡기도
흐렸기도 찌그러졌기도
아,
그러나 사랑했던 달이었다

마지막 칠십아홉 번째 달이
더욱 연민스러워
오래오래 바라볼 줄 알았다

팔십 개가 되기 전이면 그나마
애틋하고 젊다고 우긴다
그래야 살 것 같아 애써 붙든다

꿈이 있어 달밤의 꿈이 있어
어둡지만은 않았다
만월만 바라진 않았다
그믐도 초승도 달은 살아 있었을 테니까
내게 남은 달 몇 개인지 몰라도
아름답고 밝고 환하게 간직하며 살고 지고
아무도 훔쳐가지 않을 나의 달이여

산유화

산에 사는 꽃
생각만 해도 그립고 보고파
목이 메는 꽃
누구라 말하지 못해도
그 사랑
숨어서도 사무치니
오!
한마디면
곱게 피어난 산꽃이여

저만치
그만치
깊은 산 맑음 속에
꽃이 핀다
꽃이 핀다

그리움

애잔히 자라난 작은 섬의 동백이
그 씨앗 순연하고 알차게 번져
통영의 꽃 되고 열매 되고
꿈길까지 번져들었다

지금 이 뜨거운 눈물이
또 누군가의 눈물이 뚝뚝
동백꽃처럼 떨어지는 줄

먼길 떠난 이 배웅하며
새삼 올리는 그리움들

시의 집

자연석 몇 개 쪼아
기쁨 슬픔 고뇌 섞어 만든 집
아름답고 견고하길
쓸쓸을 덮으려 나무를 심고
그늘까지 화초도 깐다
마땅한 고뇌쯤 둘러야 한다고
주춧돌 포개 놓으며
무표정 일구며
나만의 빛깔 스며 있으라고
행복해지라고
긴 세월을 썼다고 할까
오래 보아도 싫지 않을 때까지
애써 집을 짓는다
그늘을 일군다

숲의 불빛

여린 비에 숲이 먼저 밝다

산자락에 비켜선
흰칠한 개망초 한 그루
서쪽을 오래 바라보고 있다

동쪽에서 하나의 짧은 문장으로 너와 다시 만나게 되리니

마음에 세워 안은 불빛에
둘러선 나무들도 환해져서
어떤 비감도 삭으리라

반짝거리지 않는 하얀 몇 송이가
환하고 촉촉하게 숲을 지킨다

너는 저 숲의 불빛처럼 내리고
나는 네 옆에서
눈이 어두워져 간다

나의 음표

곧잘 단조의 길을 더듬다가
아르페지오로 굴러가길
좋아하는 음절

숲속 작은 불빛을 찾아 순례도 하고
물소리 흘러내리는 낭랑한 음절의 미동에 젖기도 한다

너럭바위에 앉아 낮달에
눈 맞추다가 설핏 어느 젊은 별빛 생각하며
눈물 돋는
그런 나의 음표 끌어안고
긴 날을 헤매었다

문장의 움푹 팬 곳에 함몰되어 그냥 거기서
잦아져도 될 것 같은 행간의 결 여럿이
갸우뚱거리며 지나간다

먼 꽃소식 온다기에 길을 잡고
미처 못 오는 연민을 향하여 슬프도록
아름다운 노래 부른다고 나무란다면 어쩔 수 없지

살다가 죽을 때까지 나의 음표 찾아 헤매 보는 거야
첼로 같은 퉁소 같은 음표 매일 만져보는 거야

앞마당

내 집 앞마당의 빌리지안, 옐로우
어깨가 아직 좁다
조금씩 두근거리는 눈빛과 포갠다
날마다 꿈꾸는 얘기 들으려 하는데도
저 낮고 여린 화초의 이목구비 가운데 박힌
작은 눈이 차츰 정신을 차리고 나를 바라본다
앞마당의 진가는 더 기다려야 할 것 같지만
촘촘히 적셔주는 빗물이 있고
따스한 햇볕이 내려오니
마음 놓고 느긋이 기다려야 되겠다
빌리지안, 옐로우…… 그림 같은
어리고 여린 것들 작은 것들 자욱해라

어느 날

오! 한려수도 통영을 아시나요
젖은 별 뒤로
고이는 눈물 훔치며
사라지는 둥근달도 있더군요

꽃피리 소리

이른 봄의 어깨 너머로
어디선가 꽃피리 소리
들려오는 것 같다
누가 부는지
처음 듣는 소리는 아닌데도
가만히 들으면
맑고 청아해

꽃이면 모두 다 피리 불지 않겠나
매화면 매화처럼
산수유면 산수유처럼
오, 그리고 진달래 그 애들
줄지어 따라 불겠다

눈 감고 듣고
눈 뜨고 듣고
어느 잠결에도 부시는 모습으로
가만히 들려오는
꽃피리 소리

입춘이 데리고 오는 소리
멀지 않은 곳에서 울리는
가느다란 저 소리

시를 가졌군

새벽
두시 반은 시를 가졌다고
내게 고한다
어지러운 선잠 속에서 뒤척인
시가 있었다니

놓치지 않고 만나보리

백지는 오직 그가 나타나길 기다렸던 양
부축해준 시구가
상한 나를 세우며
'시를 가졌군' 한다

경남대표시인선 · 62

호위무사

김혜숙 시집

펴낸날 2025년 9월 22일

지은이 김 혜 숙
펴낸이 오 하 룡
펴낸곳 도서출판 경남

주소 창원시 마산합포구 몽고정길 2-1
연락처 (055)245-8818, fax.(055)223-4343
블로그 gnbook.tistory.com
이메일 gnbook@empas.com
등록 제1985-100001호(1985. 5. 6.)
편집팀 오태민 | 심경애 | 구도희

ISBN 979-11-6746-199-5-03810

ⓒ김혜숙

〔값 12,000원〕